Le petit empereur
veut fusionner les villages

Du même auteur*

Romans

Le roman de la Révolution Numérique
Ils ne sont pas intervenus (Peut-être un roman autobiographique)
La Faute à Souchon : (Le roman du show-biz et de la sagesse)
Quand les familles sans toit sont entrées dans les maisons fermées
Liberté j'ignorais tant de Toi (Libertés d'avant l'an 2000)
Viré, viré, viré, même viré du Rmi !

Théâtre

Neuf femmes et la star
Les secrets de maître Pierre, notaire de campagne
Ça magouille aux assurances
Chanteur, écrivain : même cirque
Deux sœurs et un contrôle fiscal
Amour, sud et chansons
Pourquoi est-il venu :
Aventures d'écrivains régionaux
Avant les élections présidentielles
Scènes de campagne, scènes du Quercy
Blaise Pascal serait webmaster
Trois femmes et un Amour
J'avais 25 ans
« Révélations » sur « les apparitions d'Astaffort » Jacques Brel / Francis Cabrel

Théâtre pour troupes d'enfants

La fille aux 200 doudous
Les filles en profitent
Révélations sur la disparition du père Noël
Le lion l'autruche et le renard,
Mertilou prépare l'été
Nous n'irons plus au restaurant

* extrait du catalogue, voir www.dramaturge.fr

Stéphane Ternoise

Le petit empereur
veut fusionner les villages

Sortie : 20 avril 2015

Jean-Luc Petit éditeur / Collection Théâtre

Stéphane Ternoise versant dramaturge :

http://www.dramaturge.fr

Tout simplement et logiquement !

Site officiel : http://www.ecrivain.pro

© Jean-Luc PETIT - BP 17 - 46800 Montcuq – France

Le petit empereur veut fusionner les villages

Pièce en trois actes

Distribution : deux hommes, une femme.

Trois personnages, la soixantaine : le maire, sa femme et le premier adjoint.

Si seulement trois ans séparent le maire de son épouse, il en paraît vingt de plus. Le maire, ancien "très haut dirigeant" de très grandes entreprises, physiquement très éprouvé, ses mains, son visage tremblent, il parle lentement.

Madame, sa femme, très coquette, après une vie de dilettante plus ou moins "passionnée par l'art", qui a simplement constitué un divertissement.

Le couple est revenu dans la maison familiale quelques mois avant les dernières élections municipales où monsieur a facilement conquis la mairie.

Le premier adjoint, au village depuis une trentaine d'années, aux compétences reconnues, reste considéré comme un étranger. Dans ce sud-ouest, il convient de présenter au moins trois générations d'ancêtres locaux avant de pouvoir être admis "du pays".

Les trois actes se déroulent dans le vaste salon du couple aux deux majestueux fauteuils.

Durée : 1 heure 15.

Acte 1

Face à face, dans leurs fauteuils, monsieur le maire et son épouse.

Le maire : – En six ans, je ferai plus que les vingt-trois maires réunis de notre histoire.

Madame : – Si mon père revenait, il te rappellerait qu'un maire de campagne doit d'abord s'occuper de ne pas augmenter les impôts.

Le maire : – Je suis arrivé, je les ai augmentés et tu as entendu une seule plainte ?

Madame : – Et de gérer le village en bon père de famille.

Le maire : – Mathilde, les villages, l'état n'en veut plus. C'est comme ça. 36000 communes, tu ne te rends pas compte ! Je te le répète : ce pays a besoin de super communes, efficaces, dynamiques, du tourisme, d'artisans, de services, de consultants, d'initiatives, d'investissements. C'est le levier de la croissance, indispensable, car elle ne tombera pas du ciel, même la bande de voyous du département l'a compris. Notre organisation est dépassée. Nous sommes la risée de l'Europe avec nos villages de pépères.

Madame : – Et pourtant, ça marche. Les gens sont heureux de vivre ici et ils ne veulent pas de ce genre de changement.

Le maire : – L'état veut des économies. Je serai le dernier maire de l'histoire du village.

Madame : – Tu le sais bien pourtant : regrouper les communes ne permettra aucune

économie. Deux villages, deux secrétaires de mairies, on fusionne, on en vire une, et hop 20 000 euros d'économies... Tu me fais rire !
Le maire : – Le constat d'échec, je l'ai dressé. Que peut faire un maire avec 80 000 euros ? C'est le budget d'une famille ! Le plan d'actions, je l'ai exposé. Tu as entendu quelqu'un réfuter mon raisonnement ? Tous ont acquiescé.
Madame : – Quand on a un programme à ce point en rupture avec le passé, on le présente avant les élections.
Le maire : – Si on avouait aux gens ce que l'on compte faire, personne ne voterait pour nous. Tu te souviens de notre voisin se lançant dans la course à la présidence du Conseil Général.
Madame : – S'il s'agit de ton modèle !
Le maire : – Soit tu ne fais rien et alors tu pouvais l'annoncer, soit tu as de vrais projets et il faut les lancer durant la période de grâce. Que l'on soit maire ou Président de la République, c'est la même logique.
Madame : – En tout cas, je ne suis pas la seule à avoir lu sur Internet « les illusions de la fusion. »
Le maire : – C'est trop simple : il ne dit pas un mot le jour de la réunion et me balance sa chronique dans les pattes.
Madame : – Il prend le temps de la réflexion ! Tout le monde ne parle pas sous l'effet des émotions comme ton cher nouvel ami Albert... Il n'a toujours pas compris la nécessité de se

taire quand on se prend systématiquement une cinglante réplique dans les dents.

Le maire : – Albert m'est très utile. Nous avons toujours besoin d'un contradicteur stupide, facile à mettre en boîte. Ainsi plus personne n'ose apporter de contradictions, redoutant d'être à son tour renvoyé dans les cordes. Et les points discutables ne sont jamais discutés ! Dans les entreprises, nous avons les syndicalistes. Ici, j'ai Albert. Je me dois de le choyer aussi bien qu'un syndicaliste. La France en est là, tu sais bien que nous avançons vers un système où ces inutiles individus disparaîtront. Mais c'est long. J'apporte ma pierre à l'édifice.

Madame : – Donc ne soit pas surpris que l'écrivain soit plus intelligent !

Le maire : – Mais ce n'est pas loyal. Il s'exprime et je ne peux pas conclure. Le dernier mot doit revenir à monsieur le maire.

Madame : – Ne soit pas injuste : il t'a même offert la possibilité de communiquer sur son site.

Le maire : – Ça ne peut plus durer cette pagaille. Je vais demander au préfet le moyen de récupérer ce nom de domaine.

Madame : – Au motif ?

Le maire : – Il me porte préjudice.

Madame : – Il possède le point com et la mairie peut acquérir le point fr, c'est bien ce qu'il t'a répondu.

Le maire : – C'est le point com qui m'intéresse.

11

Madame : – Hé oui, il te faut respecter la liberté de la presse.

Le maire : – Le peuple a besoin qu'on lui montre la voie, d'ambitions, d'une saine émulation dans le respect de la hiérarchie. La liberté n'est qu'un mot vide pour les démagogues. La liberté mène à l'anarchie, antichambre du chaos.

Madame : – Je les connais, les théories de la confrérie...

Le maire : – On a beau dire, le plus malin c'est bien le Baylet. Il a compris qu'un élu doit posséder l'unique quotidien d'une région pour faire avancer ses projets. Les médias devraient appartenir à l'état. Ou à des actionnaires patriotes, dévoués.

Madame : – Je la connais par cœur, ta théorie « la démocratie n'est pas la meilleure des organisations sociales. Ce qu'il nous faut, c'est une oligarchie éclairée dans laquelle par le travail chacun peut trouver sa place. »

Le maire, *en souriant* : – Tu pourras écrire mes mémoires, si Dieu décide d'abréger mon séjour ici-bas. Je ne t'ai jamais caché qu'après cette fusion, j'expliquerai au pays ma méthode. Et crois-moi, il se vendra mon livre, il sera édité chez un grand éditeur, soutenu par la presse. Je serai le vrai écrivain du village ! Si guignol s'était comporté correctement, j'aurais pu lui proposer de rédiger une préface et dans mon ombre il aurait bénéficié de mon succès.

Madame : – Comme tu le sais, « *être écrivain, c'est consacrer sa vie à la littérature. Et quand tu entres dans cette voie, tu ne peux plus te mettre au service de mesquines et basses ambitions.* » Selon ton écrivain préféré.

Le maire : – S'il n'est pas possible de récupérer son site sur la commune de manière légale, je vais lui proposer de le lui racheter.

Madame : – Et tu en ferais quoi ?

Le maire : – Je garderai ses photos et supprimerai les commentaires déplacés.

Madame : – Tu crois peut-être qu'il te le vendrait !

Le maire : – Il ne semble pas en situation financière de refuser une bonne offre. Si nous parlons parfois de ses articles, je ne connais personne ayant acheté le moindre de ses livres. Tu as encore constaté mon influence : même celui sur la commune, il a dû attendre sept mois avant d'en vendre un, et encore, à un belge !

Madame : – Et tu crois qu'il t'autoriserait à conserver ses photos si finalement il te vendait son site ?

Le maire : – Tout se négocie dans la vie. Tu m'as déjà vu échouer ?

Madame : – Certes... Réussir, échouer... Que signifient vraiment ces termes ?

Le maire : – Madame philosophe ?

Madame : – En attendant l'arrivée de ton cher et dévoué Premier adjoint, c'est sûrement la meilleure des occupations possibles...

Le maire : – Oh lui, si je pouvais en changer !

13

Madame : – C'est nouveau !

Le maire : – Non seulement il a passé des décennies à te faire la cour dès que j'avais le dos tourné...

Madame : – Oh !

Le maire : – Tu n'en es pas responsable, mon épouse chérie. Ta beauté a fait tourner plus d'une tête. Et pas seulement dans ce pays de bouseux. Ta classe naturelle a partout été reconnue. Mais en plus, revenons à mon premier adjoint, comme toujours, il ménage la chèvre et le choux.

Madame : – Il T'aurait-il manqué de dévouement ?...

Le maire : – Naturellement pas de manière nette et sans bavure. Par exemple, il avait bien informé "l'écrivain" de ses devoirs... Tu vas apprécier... « *Je pense que Monsieur le maire, enfant du pays, sera encore plus sensible que moi à vos publications, et si je peux me permettre de vous faire une sujétion, ce serait de lui offrir votre ouvrage, je suis certain qu'il en ferait large information et diffusion autour de lui...!* »

Madame : – C'est très bien.

Le maire : – Il n'a pas écrit « *Si je peux me permettre de vous faire une suggestion, [en insistant sur sug-ges-tion] ce serait.* » Mais il a eu, disons, un lapsus : "sujétion." [il épelle :) S-U-J-É-T-I-O-N.

Madame : – Oh le joli lapsus, et si juste ! Sujets de sa Majesté, levez-vous !

Le maire : – Mathilde, voyons. Respecte les vieux !

Madame : – J'oubliais !

Le maire : – Cela ne servirait à rien qu'il sache que je sais. Il s'excuserait « l'âge, oh l'âge »... Le besogneux petit insignifiant !

Madame : – Peut-être est-ce involontaire.

Le maire : – Il a des défauts, et on les connaît. Mais en trente années d'échanges, je ne l'ai jamais pris en faute dans les écritures.

Madame : – Il a donc réussi le grand écart de transmettre le message tout en exprimant sa pensée par ce lapsus... il a réussi un numéro d'équilibrisme, à condition que l'écrivain n'ait pas l'idée de te le faire suivre un jour... Tu l'as bien appris ainsi ?

Le maire : – Hum...

Madame : – Tu possèdes d'autres sources d'informations ? Tu aurais soudoyé sa compagne ?

Le maire : – J'ai « *juré de ne jamais mentir à la femme qui m'accompagne...* »

Madame : – Donc ?

Le maire : – Tu le sais bien : la partie est trop serrée pour que je puisse avoir confiance en qui que ce soit dans ce village...

Madame : – Donc ?

Le maire : – Ce fut simple, très facile finalement : la semaine dernière, il m'a suffi d'envoyer un petit virus à notre grand ami et il m'a communiqué ses mots de passe. Je lis ainsi ses mails...

Madame : – Oh ! Certes, dans le monde des

affaires une telle pratique se comprend. Même le fiston y recourt. Mais ici ! Suis-je de même espionnée ?

Le maire : − Oh ! Je peux comprendre qu'après une telle information ta première réaction, après la surprise, soit la crainte d'être également soupçonnée. Tu es ma femme, et jamais je ne t'ai soupçonnée, je ne te soupçonne nullement, jamais je ne te soupçonnerai...

Madame : − Qui d'autre est ainsi... il va falloir inventer un équivalent à écouté ?...

Le maire : − Espionné me convient... Dans d'autres circonstances historiques, j'aurais fait un excellent espion. (*en souriant :*) Tu sais que j'ai toujours été au service de notre pays ; nos élus n'ont jamais eu à se plaindre de mes informations. Qu'ils m'aident aujourd'hui à imposer mes idées n'est que justice.

Madame : − Tu sembles ne pas souhaiter répondre à ma question.

Le maire : − L'ensemble de mes administrés connectés, sauf un...

Madame : − L'écrivain, je parie !

Le maire : − Hé oui, il n'a pas ouvert une seule de mes pièces jointes... Ce qui constitue un impardonnable manque d'intérêt pour ma communication et même un impardonnable manque de confiance.

Madame : − n'exagère pas !

Le maire : − Mais il m'amuse... J'aime éprouver un peu de résistance, surtout en le

sachant sans ambition, le pauvre... Il continue à publier des livres sans en vendre... On ne peut même pas l'embêter avec un contrôle fiscal ! Il vit dans son petit monde des sans-dents... J'aime beaucoup cette expression !...
Madame : – Si Saint François t'entendait !
Le maire, *comme s'il ne l'avait pas entendue* :
– Oui, il faut en finir avec l'assistanat. Nous sommes quand même dans un pays où par le travail tout le monde a la possibilité de devenir quelqu'un. J'en suis la preuve vivante. N'est-ce pas, ma chère et tendre épouse. Seuls les médiocres croupissent dans leurs échecs.

On sonne.

Le maire : – Quand on parle du larbin, il arrive enfin !
Madame : – Enfin, monsieur le maire, un peu d'élégance.
Le maire : – Vous avez raison, madame la Première dame. Il faut savoir rester aimable avec les valets.

Madame va ouvrir...

Le 1er adjoint : – Mes hommages, madame.
Madame : – Mon cher ami.

Deux bises très strictes. Il s'approche de monsieur le Maire, qui ne se lève pas.

Le 1er adjoint : – Monsieur le maire.
Le maire : – Mon cher ami.

Ils se serrent la main de manière peu chaleureuse.

Le maire : – Prends place (*il lui montre la chaise à deux mètres ; le premier adjoint s'assied ; on sent la situation étudiée de manière à montrer la supériorité du maire sur l'invité*)

Le 1er adjoint : – La réunion du Conseil Communautaire s'est déroulée comme vous l'escomptiez ?
Le maire : – Comme d'habitude ; rien d'intéressant les neuf dixièmes du temps. Et j'ai obtenu la subvention pour les travaux de mise aux normes de notre salle des fêtes.
Le 1er adjoint : – Très bonne nouvelle, monsieur le Maire.
Le maire : – Martine sera contente, son mari aura du travail pour l'année.
Le 1er adjoint : – Naturellement... on pourrait obtenir mieux et moins cher... (*en souriant*) mais il faut bien rendre service à notre chargée de communication.
Le maire : – J'ai également expliqué notre démarche de fusion. (*en souriant :*) Mon collègue m'a laissé cet honneur.
Le 1er adjoint : – Tout le monde vous a approuvé ?
Le maire : – Comme prévu, il leur semble

urgent de freiner des quatre fers. Ils tiennent à leurs petits villages gaulois. Nous serons donc l'exemple. Quand nous aurons démontré que c'est possible, ils suivront.

Le 1er adjoint : – Monsieur le Président n'a toujours pas annoncé sa décision de démissionner ?

Le maire : – Malheureusement, il semble ne plus en prendre la voie. Il sera même candidat aux élections départementales. De manière confidentielle, il nous a annoncé la guérison totale de son cancer.

Le 1er adjoint : – C'est une très bonne nouvelle.

Le maire : – D'un point de vue humain, naturellement. Mais tu sais bien que cette communauté a besoin d'une vision dont ce pauvre homme est dépourvu.

Le 1er adjoint : – Il vous reste la possibilité de proposer une autre voie à mi-mandat.

Le maire : – Tu sais bien que ce n'est pas dans mes habitudes de renverser les tables. Je suis plutôt celui qui attend que les tables et les chaises soient par terre pour remettre tout en ordre. J'ai confiance en mon destin : une opportunité se présentera à la communauté comme elle s'est présentée dans la commune.

Le 1er adjoint : – Une idée, monsieur le maire : le président sera donc candidat aux élections départementales sur le canton des Marches du Sud-Quercy. Le redécoupage vous laisse l'opportunité de vous présenter sur le canton de Luzech.

Le maire : – Tu sais bien que le département est le lieu par excellence de la sclérose. Rien ne peut s'y faire. On ignore même ses futures attributions. Qu'irai-je faire dans cette assemblée de paralytiques ? Tu sais bien que je ne suis pas revenu avec des velléités politiques. Mon seul but, je te le répète, c'est de montrer la manière dont une commune doit être administrée. Tu sais que si j'avais souhaité faire carrière dans la politique, je l'aurais fait. Tu sais qu'à trente ans, c'est à moi qu'on pensait quand on cherchait un successeur à Maurice Faure. Mais j'ai préféré le monde des affaires, et tu connais ma réussite.

Le 1er adjoint : – Vous êtes un exemple pour tous, monsieur le maire.

Le maire : – Ton idée, elle témoigne de ta confiance dans mes capacités mais je ne serai pas candidat et tu peux de manière catégorique l'annoncer à tes amis qui t'ont sûrement prié de me sonder. C'est bien cela ?

Le 1er adjoint : – Il s'agit d'une idée germée durant cette conversation, elle s'est imposée en moi.

Le maire : – Petit cachottier !

Le 1er adjoint : – Vous connaissez toute ma considération dévouée.

Le maire : – Je sais, je sais... Excusez-moi... Comme tu le sais, ces maudits médicaments m'obligent à fréquenter le petit endroit de manière trop fréquente... Mais j'ai bon espoir qu'avec ma volonté, tout rentre bientôt en ordre.

Le maire se lève avec difficultés...

Le maire : – Le docteur ne m'a laissé aucun espoir : je vais mourir. Mais nous sommes tous dans ce cas. Et comme l'écrivait... (*on sent qu'il ne retrouve plus l'auteur, donc s'ajoute une douleur*) comme l'écrivait notre grand philosophe : « *une vie inutile est une mort anticipée.* » Je l'ai rassuré, ce bon docteur : je ne suis pas pressé et j'en enterrerai plus d'un...

Il sort... va aux toilettes...

Le premier adjoint se précipite vers madame dès la porte fermée ; elle tend ses bras pour le stopper...

- Madame, *très bas :* – Soit sage ; deux nouvelles : une très bonne et une très mauvaise : on a failli y passer !
Le 1er adjoint : – Comment !?
Madame : – Il espionne ton ordinateur, ta boîte mail.
Le 1er adjoint : – Il lit mes mails ! Comment !?
Madame : – Il t'a envoyé un virus espion et connaît tous tes mots de passe. Surtout ne m'écrit jamais. Il a lu le mail avec "sujétion" envoyé à l'écrivain.
Le 1er adjoint : – C'est très embêtant.
Madame : – Aurait-il découvert d'autres messages compromettants ?
Le 1er adjoint : – Rien de grave... mais avec mon fils, parfois... je lui raconte la vie du village.

Madame : – Tu ne lui as rien écrit à notre sujet ?

Le 1er adjoint : – Oh que non, il me croit toujours amoureux de sa mère.

Madame : – Ouf. Et alors, qu'y a-t-il d'embêtant ?

Le 1er adjoint : – Qu'il ne finira pas son mandat, s'il continue à s'épuiser ainsi.

Madame : – Oh, ce n'est que cela !

Le 1er adjoint : – Mais de manière plus brutale, peu aimable. Et entre membres du Conseil Municipal, nous nous lâchons parfois... Je vais donc lui annoncer ma démission ce soir.

Madame : – Surtout pas ! Il pourrait alors me soupçonner de t'avoir prévenu. Et s'il commence à me soupçonner, nul ne sait où il s'arrêtera.

Le 1er adjoint : – C'est vrai. J'ai réagi dans l'émotion de cette annonce qui me bouleverse.

Madame : – Et la bonne nouvelle, il m'a confirmé que jamais il ne m'a soupçonnée ni ne me soupçonnera... Mais attention, au sujet de la mairie, il n'a confiance en personne, il espionne tout le monde...

Le 1er adjoint : – Soyons prudents.

Madame : – J'ai entendu la chasse d'eau.

Ils se rasseyent.

Le 1er adjoint : – J'irai naturellement le voir cet adorable bambin... Qu'est-ce qu'il grandit !... Mais quitter mes vieilles pierres plus d'un mois me sera difficile (*il sourit à sa maîtresse*). Un tel voyage, à mon âge, me fait peur.

Le maire rentre sur cette dernière phrase.

Le maire, *en reprenant sa place :* – Ah l'Amérique ! Il était temps que tu sois grand-père à ton tour. Prends un appareil photo et comme guignol tu raconteras ton voyage, puisque ceux qui n'ont rien à dire ni montrer publient désormais !

Le 1er adjoint : – Il vient d'annoncer la vente d'un premier exemplaire. En Belgique ! Quel est le con de belge qui a bien pu s'intéresser à ces misérables photos ?

Le maire : – Un ancien vacancier, sûrement. J'ai lu comme toi qu'il signale qu'aucune électrice, aucun électeur du village ne s'est intéressé à « cette œuvre » (*avec emphase*)

Le 1er adjoint : – Vous pensez qu'il vous considère responsable de ce désintérêt manifeste ?

Le maire : – Les médiocres ont toujours besoin de trouver des responsables à leurs échecs.

Le 1er adjoint : – Vous ne pensez pas qu'on a eu tort de l'humilier ? Qu'il peut nous porter préjudice ?

Le maire : – Non. Il existe des règles. Celui qui ne les respecte pas se retrouve hors du jeu. L'insolence et l'impertinence n'ont pas de place en démocratie. Nous lisons parfois ses chroniques, ou les survolons, mais personne ne prend au sérieux ses développements. Il manquera toujours de cette crédibilité qui ne s'acquiert que par la réussite.

Madame : – Je n'ai pas l'impression qu'il se sente humilié. Il se sent plutôt légitimé dans son rôle culturel face au clientélisme, aux clans, aux « petits bourgeois », comme il note.

Le maire : – Assez causé de cet insignifiant. Quand je parle, on m'écoute. Et il me suffit de quelques mots pour convaincre. Pour faire oublier même trois pages de délires sur Internet... À la fin du mois, le Conseil Municipal doit ratifier la convention de fusion. Je compte sur toi pour refaire le tour, t'assurer qu'aucun OUI ne manquera.

Le 1er adjoint : – Tous ont un dossier, une demande, en attente. Chacun sait qu'il n'a rien à gagner dans l'opposition bête et infondée, comme vous l'avez expliqué.

Le maire : – Oui, tout le monde a son coin de terrain dont la valeur serait multipliée par vingt s'il passait en constructible. Mais il faut parfois rappeler les choses pour qu'elles soient parfaitement comprises.

Le 1er adjoint : – Vous pouvez compter sur mon total dévouement, monsieur le Maire.

Le maire : – Je le sais, mon ami, tu es l'homme sur lequel je peux le plus avoir confiance dans mon village.

Rideau

Acte 2

Quelques jours plus tard. Madame dans le canapé. Elle soliloque.

Madame : – C'est une catastrophe !... Nous aurions pu devenir le centre du village, j'étais disposée à faire don de ma personne, à exercer mon rôle de première dame comme mère le fit. Avec discrétion, disponibilité, et une certaine classe en plus... Il aurait pu être apprécié, aimé... Puisqu'on n'acclame plus le prince... Et nous sommes la risée générale... *« Si vous êtes trop malin, vous risquez de passer à côté de l'essentiel »* nous enseigne un proverbe tibétain. Je l'ai toujours admiré. Toujours ! J'avais 8 ans, c'était facile pour lui de m'impressionner du haut de ses onze. Le meilleur élève de l'école. Le fils de l'instituteur était forcément le meilleur élève de l'école... mais j'étais trop gamine pour comprendre cette logique sociale. La fille du maire et le fils de l'instituteur, comme c'était mignon. On cherchait les œufs de Pâques ensemble. Quelle belle union en perspective. La plus belle des unions possibles, puisque monsieur le curé n'avait pas d'enfant... Enfin, c'est ce que l'on croyait... Si l'on avait su la vérité !... Des soutanes auraient flotté sur la Barguelonnette !... Le maire, le curé, l'instituteur, c'était ça, un village. Un clocher, une mairie, une école ; les églises sont fermées 360 jours par an, l'école est devenue une salle des fêtes, une vraie défaite pour nos

25

villages, et "ce con" voudraient fermer la mairie. Oh, pardon mon chaton ! Ma langue a fourché ! Les opposants ont raison, le village c'est un symbole... (*elle sort son iphone... quelques secondes de surf et elle s'exclame :*) Oh mon Dieu ! À la une du site de notre village, ce bandeau « *les villages doivent disparaître* ! », et c'est bien notre maison que l'on aperçoit au loin... (*elle lit :*) « les villages doivent disparaître !... Regroupez-vous ! Y'aura des médailles pour les plus zélés. Vous pouvez lire "les plus fêlés". Et même des invitations à la télé si vous vous exprimez correctement. Soyez les visionnaires du troisième millénaire ! En douceur, avec vous, grâce à vous, nous passerons de 36000 communes à 10 000 puis 600 mégalopoles.

Vive les mégalopoles, avec un mégamaire. Naturellement professionnel, naturellement formé par les partis piliers de nos démocraties du clientélisme.

Et vive les sondages : 70% des français sont favorables au regroupement des villages ! Naturellement, les gens qui n'y vivent pas, si on leur prétend qu'un regroupement permettra des économies, ils s'y déclarent favorables. Ne pourrait-on pas nous demander notre avis ?

Non, les villageois ne sont pas capables de comprendre l'intérêt du pays ! Il convient de réaliser des économies de bouts de chandelles sur les villages pour financer les espaces verts des villes !

Il existe pourtant une autre vision de la campagne, celle de son respect, nullement passéiste comme nos visionnaires de pacotille le prétendent. Une campagne où il fait bon vivre, avec des écoles, des routes entretenues, des arbres fruitiers… Mais pour nos politicards, un village doit se gérer comme une entreprise. Vive les OPA. Alors, pourquoi ne pas immédiatement nous vendre au Qatar ou à la Chine ? Quel maire fut élu pour passer en force ? Le parlement offre une nouvelle arme anti démocratique aux collaborateurs : si le conseil municipal est favorable à la fusion, aucune consultation des électrices et électeurs.

Notre maire tient ses conseillers ou certaines, certains, au moins un, au moins une, pensera la démocratie locale respectable ?

Si notre village disparaît, la fusion servira d'exemple… Citoyennes, citoyens des villages, vous êtes toutes et tous concernés. »

Grande pause où elle fixe l'écran.

Madame : – Mon Dieu ! Pourquoi moi ? Je devrais les soutenir mais je n'ai pas le droit de les approuver… Mon Dieu ! Des vagues de contestataires vont déferler. Ce sera comme pour l'opposition à la haute tension, aux barrages, aux carrières, au gaz de schiste, aux autoroutes… Tous les hurluberlus, les marginaux, les écolos, les homos, les hardeux, les gauchistes, vont nous accuser de vouloir détruire notre modèle rural.

Grande pause.
Le maire entre, avec une canne.

Madame, *en le voyant* : – Tu ne devrais pas te lever.

Le maire : – Ce n'est qu'une entorse.

Madame : – Une entorse, avec ta pathologie, c'est pire qu'une jambe cassée pour un jeune homme.

Le maire, *s'asseyant* : – Ce n'est pas elle qui me tuera… Et j'ai demandé au nain de passer.

Madame : – Tu devrais parler de manière plus respectueuse de ton premier adjoint. Après tout, tu l'as choisi.

Le maire : – Un homme exceptionnel, dévoué, un ami, sur lequel je n'émettrai jamais la moindre critique ni pique en public. Mais nous sommes en privé. Je peux quand même encore te faire bénéficier du fond de ma pensée. Tout part en lambeaux, excepté ma pensée. Et mes dents. Tu l'as remarqué : mes dents résistent tandis que notre nain de jardin semble abonné chez le dentiste.

Madame : – Il possédait les compétences pour être maire. Je ne dis pas à ta place mais avant toi… tu le sais bien.

Le maire : – Il n'est pas né ici.

Madame : – Toujours cette vieille histoire du « né ici. »

Le maire : – Tu ne vas pas rejoindre le camp des chansonniers !

Madame : – Ah les imbéciles heureux d'être nés quelque part !... Ce n'est sûrement pas seulement pour la rime si Brassens citait Montcuq.

Le maire : – Ce n'est quand même pas toi, si respectueuse des traditions et de l'opinion, qui va t'opposer à ce principe de base de notre vie publique. Nous devons entretenir la mémoire du radicalisme et ce droit du sol en constitue l'un des piliers. Il a fait ce qu'il pouvait faire en venant du nord, et il en est récompensé par ce poste de premier adjoint en fin de carrière.

Madame : – Il aurait été nettement plus efficace que notre bouseux.

Le maire : – Certes, il n'aurait pas pu faire pire mais notre bon bouseux s'est écarté convenablement, sans chercher à s'accrocher au poste.

Madame : – Surtout après avoir compté les billets dans ton enveloppe !

Le maire : – Le pauvre bougre ! S'il savait que j'en ai obtenus le double du hollandais pour lui vendre à un tarif décent le chemin municipal.

Madame : – Il y a toujours eu de tels arrangements. Un maire doit savoir faire son beurre. C'est également ainsi qu'il tient son rang. Ce n'est pas ce que je te reproche. Mais les mesquines paroles sur ton premier adjoint ne me semblent pas dignes de toi. Tu dois être au-dessus de toute mesquinerie.

Le maire : – Il faut croire qu'un milieu médiocre peut même déteindre sur un homme comme moi.

Madame : – Pourquoi lui avoir demandé de passer de nouveau ?

Le maire : – Si un seul conseiller me lâche, c'est la chienlit. Je ne peux pas échouer. J'ai conduit de main de maître des fusions bien plus compliquées. 17000 hommes, j'ai géré, tu ne l'as pas oublié. Et pas une vague. Ce n'est quand même pas 300 bouseux...

Madame : – Ils s'organisent. Ils utilisent Internet, ils nous préparent une manif, ça semble évident.

Le maire : – Ils ? Tu peux retirer le S. Il est seul, il ne parle presque à personne. Il écrit des livres qui ne se vendent pas, il vit de rien. Qu'est-ce qu'il cherche ? Je lui ai tendu la main, je lui ai proposé de le faire connaître et tu vois comment il me remercie.

Madame : – C'est un artiste ! Après avoir lu son « je ne suis pas un sujet » tu dois regretter de ne pas lui avoir acheté son livre comme tu t'y étais pourtant engagé.

Le maire : – Je ne regrette rien. Il doit respecter monsieur le maire. Il devait me dédier et naturellement m'offrir ce livre.

Madame : – « Si tu offres un livre au maire, t'es une merde. » Sa position d'artiste ne me surprend guère.

Le maire : – Toi qui es prête à défendre l'âme des villages contre la fusion, tu devrais reconnaître qu'un administré se prétendant éditeur se doit d'offrir un livre à son maire. Comme le viticulteur nous offre quelques cartons.

Madame : – Je peux le comprendre. Mais il ne faut pas heurter les susceptibilités des petits artistes...

Le maire : – Qu'est-ce que ça changera pour lui, la fusion ? De toute manière, il ne sera jamais ni subventionné ni invité ! Il a choisi de s'opposer au système, tout homme responsable s'en méfie.

Madame : – Vivre debout, refuser de s'agenouiller devant les puissants. Ce courant de pensées a toujours existé chez les écrivains.

Le maire : – Qu'il s'occupe de ses livres et me laisse gérer la fusion. Tu vois bien que chez nos voisins, tout le monde s'en remet au bon sens du maire, qui lui suit mes conseils.

Madame : – La fusion a certes un avantage : le projet de ligne à très haute tension rentrera par la grande mairie et ainsi nous n'aurons plus de soucis électriques.

Le maire : – Tu le vois bien. C'est comme dans l'entreprise, les fusions permettent de faire sauter les zones de blocages, de contestations. On perd trop de temps dans ce pays avec les contestataires. Il faut vivre avec son époque : plus personne ne s'éclaire au pétrole et c'est fini le temps « *ici on coupe du bois si l'on veut se chauffer.* »

On sonne.

Le maire, *regardant l'horloge :* – Toujours ponctuel, notre ami.

Madame va ouvrir...

31

Le 1er adjoint : – Mes hommages, madame.
Madame : – Mon cher ami.

Deux bises très strictes. Il s'approche de monsieur le Maire, qui ne se lève pas.

Le 1er adjoint : – Monsieur le maire.
Le maire : – Mon cher ami.

Ils se serrent la main de manière peu chaleureuse.

Le maire : – Prends place (*il lui montre la chaise à deux mètres ; le 1er adjoint s'assied*)

Le maire : – Comme tu le sais, mon épouse me souhaiterait couché et tu reste très occupé. Allons-en aux faits immédiatement...

Le 1er adjoint : – Il écrit une pièce de théâtre. Il a montré le premier acte à ses compagnons hier soir. J'ai croisé Frédéric et Gwenaëlle qui se sont empressés de m'en informer. Ils étaient enthousiastes, ces petits cons. Ils s'improvisent acteurs. Ils ont convaincu le jeune berger et comptent en offrir une représentation au village.

Le maire : – Ils n'obtiendront jamais la salle des fêtes !

Le 1er adjoint : – Je leur ai signalé que monsieur le maire serait sûrement peu enclin à leur accorder cet espace public qui ne peut servir des intérêts contraires à l'intérêt général.

Le maire : – Tu as bien fait.

Le 1er adjoint : – Ils m'ont répondu qu'ils ne

s'abaisseraient pas à quémander cette salle et joueraient en plein air, chez la nouvelle agricultrice.

Madame : – Entre le cabécou et la piquette digne de sa grand-mère, ils dégusteront un navet.

Le maire : – Le trouble à l'ordre public semble se caractériser. Continue ton enquête, et dès qu'une date sera connue, nous préviendrons la gendarmerie.

Le 1er adjoint : – Très bien monsieur le maire. Leur gamine chantonnait déjà ce qui semble être une déclaration de guerre.

Madame : – À ce point ? Sans exagération.

Le 1er adjoint : – Je l'ai immédiatement notée, leur chansonnette. Si vous y tenez...

Madame : – J'en suis même impatiente.

Le premier adjoint sort un carnet de la pochette de sa chemise.

Le 1er adjoint, *très doucement, sans la moindre intonation :* – *« Lundi matin, l'empereur, sa femme et l'premier adjoint Sont venus chez moi pour se faire offrir un bouquin. »*

Il s'arrête.

Le 1er adjoint : – Disent-ils, mes chers amis.

Le maire : – Une mauvaise adaptation de *« L'Empereur, sa femme et le petit prince. »*

33

Déjà mon père la communiquait avec réticences aux enfants.

Madame : – Vous voici donc l'empereur, monsieur le maire, chez ces gens. Et moi l'impératrice Eugénie… Quant à vous, mon cher ami, vous souvenez-vous de l'histoire du petit prince de cette chanson traditionnelle ?

Le 1er adjoint : – Je vous avoue avoir peu étudié cette période.

Madame : – Je connais votre réticence à partir aux Amériques alors vous éviterez sûrement le pays zoulou, c'est ainsi que l'on appelait l'Afrique-du-Sud où est mort en 1879 l'unique enfant de Napoléon III et de son épouse l'impératrice Eugénie.

Le maire : – L'empereur… Au moins Néron pouvait prier Sénèque de se suicider et il se suicida prestement.

Madame : – Tu le crois capable de te caricaturer en Néron du canton ? Quel horrible rapprochement ! Il tua Agrippine, sa mère, après avoir liquidé Britannicus, son frère. Mon Dieu ! L'imagines-tu en train d'écrire que tu tuerais mère, frère et écrivain pour réussir ta fusion ?

Le maire : – Ce serait de la diffamation.

Madame : – Et même de la désinformation… car si tu as une sœur tu n'as pas de frère !

Le maire : – Ma chère Mathilde, l'instant est mal choisi pour faire de l'humour.

Madame : – Tu sais bien que ton nom n'apparaîtra pas.

Le maire : – Mais tout le monde saura donc

s'il me provoque, je l'attaquerai en diffamation.

Madame : – Tu sais bien qu'un écrivain part du particulier pour atteindre l'universel. Sa liberté d'expression est plus importante que celle du simple citoyen dans nos démocraties décadentes.

Le maire : – S'il était vraiment écrivain il ne s'abaisserait pas à de telles attaques et ses livres se vendraient. Ce n'est qu'un idiot provocateur et je ne me laisserai pas diffamer.

Madame : – Tout devait être simple quand nous sommes rentrés au pays.

(*durant cet échange entre le maire et son épouse, le premier adjoint regarde ailleurs*)

Le maire, *se tournant vers le premier adjoint* :
– Je suppose qu'il a ajouté quelques perfidies à « *Lundi matin, l'empereur, sa femme et l'premier adjoint*
Sont venus chez moi pour se faire offrir un bouquin. »

Le 1er adjoint : – « *Comme j'ai dit tintin*
Adjoint m'a maudit
On vous laisse la nuit
Nous reviendrons demain. »

Madame : – Heureusement, les enfants ne sont pas nombreux par ici. Nous ne risquons pas de l'entendre sous nos fenêtres...

Le maire : – Mais c'est par l'humour, même

de mauvais goût, même médiocre, que l'on peut pourrir une situation. (*une pause*) Très bien, je vais régler cette affaire à ma manière. Vous le constaterez, il n'y aura ni pièce de théâtre ni site Internet pour troubler notre fusion.

Madame : – Tu ne vas pas faire de bêtise au moins ?!

Le maire : – On ne fait jamais de bêtise quand on sait ce que l'on fait et pourquoi on le fait.

Rideau

Acte 3

Madame dans son fauteuil. Elle soliloque.

Madame : – Mon pauvre chaton ! Toujours ce besoin de se convaincre d'avoir réussi sa vie ! Qu'il fait quelque chose de sa vie... Et il ne saura jamais que je l'ai entendu, son père, lui crier « tu ne feras jamais rien de ta vie si tu n'es pas capable d'intégrer une grande école... » Comme c'est classique : le père a économisé sur tout, il voulait que son fils réussisse là où il n'avait pas eu la possibilité d'essayer. Cette grande idée de la troisième République : le grand-père agriculteur, le père instituteur, le fils président. (*en souriant :*) Au moins de trois Conseils d'Administration ! Et il a bûché comme un malade, et il fut admis à la cession de septembre et depuis... Et depuis il en est là... Il n'a peut-être même pas compris... Mais ça servirait à quoi, une franche discussion ?... « Oh toi et ta psychologie à deux sous » qu'il me balancerait en pensant me « clouer le bec. » Il est trop tard... Qu'il continue, je m'en fous... Son père fut le dernier instituteur, qu'il soit le dernier maire si ça l'amuse. De toute manière, dans cinquante ans, tout sera oublié... Il n'a jamais aimé cet endroit. À 15 ans, il ne parlait déjà que de Paris. À 20, Rastignac allait conquérir la capitale. Il ferait mieux que Gustave Guiches : lui serait riche ! Il est devenu riche mais a abandonné ses rêves littéraires. Il ne se

37

souvient même plus d'avoir rêvé de vraie littérature. « *C'était des bêtises d'enfants, parce que mon père tutoyait le maître d'Albas...* » Il n'a jamais aimé cet endroit. Et durant quarante ans, il revenait uniquement par devoir, et le moins possible. S'il le pouvait, il goudronnerait tous les sentiers. Il ne supporte pas l'odeur des fleurs. Ça ne va pas s'arranger avec la cerise sur le gâteau, sa nouvelle allergie ! Être allergique aux pollens comme un pauvre parisien transplanté à la campagne ! Il ne supporte pas le silence ni les vélos... J'ai raté ma vie et je le sais... Il me reste au moins l'espoir de ne pas rater ma vieillesse, d'évacuer la distraction, l'inutile... D'éteindre la télé. J'ai toujours senti en moi l'appel de Saint François... C'est sûrement la raison de ma présence sur terre...

Le téléphone sonne... Elle se lève... regarde le nom...

Madame : – Hum Simone... Elle veut savoir ?... Mais je ne sais rien ! Elle veut parler ? Mais si elle savait comme elle m'ennuie !... Et maintenant il est trop tard, je n'ai plus à la convaincre. C'est le jour J. Les dés sont jetés. Oh ! Comme je déteste cette expression. (*le téléphone continue de sonner*) Après tout, ça me passera le temps (*elle décroche*) Ma chère Simone (...) Forcément, ton mari étant au conseil, ça ne pouvait qu'être toi (...) Le progrès ! Demande-en un à ton mari pour la

Saint-Valentin (...) Permets-moi de te répondre que tu lui as donné un mauvais conseil. Tout le monde doit rester uni. Tout le monde a été élu sur la même liste, tout le monde doit assumer (...) Tu sais qu'il n'est pas le seul à parler de démissionner. Mais mon mari les a tous rappelés à leur devoir : toute démission serait considérée comme un désaveu de ses décisions, donc il la refuse. (...) Oui, espérons. Comme tu le sais, il suffit d'une seule voix NON pour enclencher une dangereuse procédure (...) Comme je te l'ai dit, mon mari n'y résisterait pas (...) Tu te rends compte, il a accepté la fonction de maire pour rendre service et maintenant le village écoute des gens qui ne sont même pas nés ici ! Qu'est-ce qu'ils en savent de ce qui est bien pour nos villages (... ; *signes d'exaspération de plus en plus visibles*) Notre fils aurait voulu être là mais il n'arrivera que dans la nuit. Il s'inquiète beaucoup pour son père. Comme moi, il trouve qu'il travaille trop (...) Merci d'avoir appelé Simone (...) Oui (*elle raccroche*).

Pause.

Madame : – Oh, ce n'était plus possible !... Ces gens sont impossibles, insupportables !... Je ne veux plus les voir, plus leur parler ! Que tout finisse !

Pause.

Madame : – J'ai failli en dire trop ! Il travaille trop... Il aurait continué jusqu'à 75 ans son petit bizness de consultant, spécialiste des fusions absorptions démantèlements, si la maladie ne l'avait pas frappé... et la maladie ne l'a pas changé... (*se voulant psychologue*) Oui, il peut tricher avec les autres. Mais pas avec moi. Il continue autrement... Juste pour ne pas se regarder en face... Les ouvriers, les usines, n'étaient que des données comptables dans les OPA, pourquoi accorderait-il plus d'attention à ces villageois ? Seul l'accord des actionnaires comptait. Peu importait que les informations communiquées soient vraies ou fausses : elles devaient convaincre du bien fondé de l'opération... Il méprise tout le monde... avec des degrés dans le mépris... Il les méprise tous... Certes, je ne peux pas lui donner tort... Ils sont tous tellement minables... Qu'est-ce qui les intéresse, à part l'argent ? Et qu'est-ce qu'ils en font ? Alors ils jalousent celui qui en a gagné tellement plus qu'eux !... Mais s'ils savaient ce qu'il en fait, de son fric ! Les pauvres ont tort de phantasmer sur le bonheur des riches ! J'ai de beaux diamants et un jacuzzi ! Ai-je vécu pour ça ? Si à 50 ans tu n'as pas un jacuzzi, tu as raté ta vie ! Mais pourquoi perdre son temps avec ces gens-là ?... Tout ça pour m'épater !... Comme quand il m'a pris la main en m'affirmant « je serai le premier enfant du canton à intégrer HEC. » J'aurais pu avoir une autre vie... J'aurais pu être la femme d'un

Conseiller Général... Je serais veuve et la mieux placée pour lui succéder ! Mais tout ce qu'il me promettait, mon chaton, il le réalisait... J'ai mis du temps à comprendre qu'aucun de ses défis ne me concernait vraiment... Oh, ce n'est pas un manque d'attention, oh, j'ai été touchée qu'il m'annonce « on va retourner dans la maison de ton père et je reprendrai son flambeau de maire... Je vais rendre à la maison de ton père son prestige, la première place du village.» Il sait présenter ses projets pour entraîner... Mais il n'écoute personne... Il ne supporte pas qu'on puisse lui résister... Il accepte mes remarques, mes critiques mais finalement n'en tient pas compte...

Pause.

Madame : – Et nos enfants, déjà mariés, si jeunes... Je leur ai pourtant tellement répété « ne vous précipitez pas... vous êtes à l'âge où les apparences aveuglent, vous êtes à l'âge de l'ignorance et des serments pour la vie qui ne reposent sur rien de concret... Vous croyez savoir et vous ignorez l'essentiel... Mais que répondre à « toi et papa, alors ! Vous n'aviez même pas 20 ans à vous deux que vous vous engagiez déjà » ? Que répondre ? Des gosses s'amusaient et ils ont fini par croire en leur jeu. La fille du maire et le fils de l'instituteur, comme c'était mignon ! Je l'ai admiré... On ne construit pas sa vie sur l'admiration gamine et

41

puérile... et quand l'illusion a cessé, j'ai pris des amants... Comme c'est facile, avec un "mari très occupé" ! Comme c'est affligeant ! J'ai été la femme la plus heureuse du monde ! Pauvres enfants, je vous dois bien ce mensonge ! Je ne suis même pas certain du nom de votre père biologique ! Oh, pauvre de moi ! Qu'ils interdisent les tests ADN durant nos vies ! Le monde est peut-être ainsi... Chacun fonce vers la vie active... On veut devenir grand... on joue aux grands et quand on se réveille on est vieux. J'aurais été l'une des dernières oisives... Mais c'est terrible, horrible, de réfléchir dans un monde en action... Peut-être comme de rester sobre dans une fête où tout le monde s'est imbibé d'alcools... Il n'y a plus de place pour des femmes comme moi... Ma pauvre fille !... Ma pauvre *executive women*... et je ne peux même pas témoigner... Je dois tenir mon rang ! La fille du maire devait tenir son rang, marcher la tête haute. La femme du maire doit tenir son rang, sourire.

Pause.

Madame : – Mais pour quoi ? Saint François a su tout abandonner... Comme je suis bien dans sa lumière... Le plus beau vitrail de l'église, et c'est grand-père qui l'a offert... Ça ne peut pas être un hasard. Ils me croient un peu bigote, d'aller m'asseoir sur notre banc. Et personne n'a compris pourquoi j'y vais toujours à la même heure... Ils ne peuvent pas comprendre... Je prierais même à la bonne réalisation de la fusion !... Les pauvres idiots !... Saint François, tu es là, quand brille le soleil... Comme j'aimerais pouvoir être enterrée sous cette dalle où le soleil t'expose, mon cher Saint François... Mais même la femme du maire, elle ne peut plus obtenir pareil honneur... On n'enterre plus dans les églises !

Pause.

Madame : – Il se dit chrétien... Mais essayerait de m'enfermer si je donnais tous nos biens aux pauvres... Oui, il a raison, notre poète : les riches du village feraient mieux de suivre l'exemple de notre Saint Antoine, l'Egyptien... Tout donner et vivre de peu, de pain et d'eau... Mais ça ne se fait plus... On ne donne pas aux pauvres... Ou alors quelques miettes aux associations, si le don ouvre droit à 60 % de crédit d'impôts... Donner, tout donner aux pauvres, ce serait déshériter ses enfants et même l'état l'interdit... Je n'en peux plus de cette vie... Notre poète... Il nous a bien roulés dans la farine !... Que d'argent dilapidé pour un pauvre site Internet et la promesse de ne présenter aucune pièce de théâtre dans laquelle figure un maire durant la vie de l'acquéreur... Disposée à tout donner aux pauvres, je regrette déjà ces miettes ! Je ne suis pas digne de toi, oh Saint François. (*elle se signe ; pause "contemplative"*)

43

Le téléphone sonne... Elle se lève... regarde le nom...

Madame : – Oh non, pas elle... (*le téléphone continue de sonner*)

Madame : – Elle est pire que l'ennui, "la folle". Mais elle était dans sa classe, la petite sœur d'Albert, donc Monsieur le maire la ménage.... Je ne vais quand même pas regarder la télévision en l'attendant... Il aura, comme d'habitude, le triomphe modeste... Une victoire parmi tant d'autres... Déjà !... C'est bien la voiture du (*en souriant*) « nain de mon jardin » que j'entends !

Elle se lève... regarde par la fenêtre...

Madame : – Mon mari et mon amant bras dessus bras dessous, comme c'est charmant ! Je vais leur ouvrir.

Elle ouvre la porte. Ils entrent. Le maire, très éprouvé, se soutient d'un côté sur sa canne, de l'autre sur l'épaule de son premier adjoint. Qui l'aide à s'affaler dans son fauteuil.

Madame : – Mais qu'as-tu ? Que se passe-t-il mon chaton ? Réponds-moi...

Les yeux exorbités, le maire ne prononce pas un mot, respire difficilement, la main droite posée à hauteur du cœur. Le risque d'une crise cardiaque semble élevé.

Madame : – Faut-il appeler le docteur ? (*se tournant vers le premier adjoint*) Que se passe-t–il ?

Le 1ᵉʳ adjoint : – 10 NON.
Madame : – Oh !

Madame, *prenant la main droite de son mari* :
– Faut-il appeler le docteur ?

Le maire, *difficilement* : – Non, ça ira. Je vais aux toilettes et quand je reviendrai... (*se tourne vers son premier adjoint*) J'espère que tu auras disparu. Ne rêve pas : je ne démissionnerai jamais.
Le 1ᵉʳ adjoint : – Monsieur le maire, je ne vous ai jamais demandé de démissionner, je ne vous demande pas de démissionner, je ne vous demanderai jamais de démissionner. Le Conseil Municipal vous a élu, il attend votre décision.
Le maire, *difficilement* : – Parfait. Va... Va rejoindre les traîtres... Vous ne l'emporterez pas au paradis.

Le maire se lève, sa femme l'aide...

Le maire : – Laisse, ça ira.

Il sort difficilement, sous le regard de son épouse et de son premier adjoint.

Madame : – Toi également !?

Le 1er adjoint : – Jamais je n'aurais imaginé les autres capables de voter NON. On en avait tous envie mais on hésitait. Et tous on a pensé, « si je ne le fais pas, personne ne le fera, et on voulait tous 8-9 oui et 2-3 non pour laisser le village voter, pour sortir de cette crise.

Madame : – Mais pourquoi ? Votre réunion secrète hier soir, en plus chez toi ?

Le 1er adjoint : – Il exaspère tout le monde. Et le dernier rebondissement a accentué le fossé. Tout le monde en est arrivé à le trouver ridicule, de croire pouvoir tout s'acheter. Je n'ai aucune estime pour l'écrivain mais il est parvenu à nous rendre sa marginalité sympathique. « Vous n'achetez pas mes livres, donc j'ai vendu mon site... » Tout le monde a compris ce que tu m'as expliqué sous le sceau du secret. Tout le monde désapprouve cette méthode.

Madame : – Simple jalousie. Ces gens l'ont toujours jalousé. Tous attendaient une occasion de prendre leur revanche.

Le 1er adjoint : – Tu sais... En croyant acheter la victoire, il a commis sa plus grande erreur. L'écrivain a su enfoncer le clou en racontant « il m'a offert dix ans de tranquillité financière pour un site qui ne me rapportait rien et une pièce de théâtre qui n'aurait jamais été jouée avec droits d'auteur. » Il précisait même « je n'avais de toute manière pas trouvé de chute finale intéressante. » En souriant, il ajoutait « il faut parfois savoir profiter des obsessions d'un riche. » Il faut croire son talent d'acteur meilleur que sa plume car il a répété une dizaine de fois ce speech. Lui qu'on ne voit jamais, pour une fois il a croisé presque tout le monde...

Madame : – Que va-t-il se passer ?

Le 1er adjoint : – Ils me poussent à demander sa démission. Ils m'assurent de leur soutien.

Madame : – Tu n'es pas d'ici !

Le 1er adjoint : – Je suis d'ici depuis seulement trois décennies donc ne peux pas devenir maire ! Dans une situation normale. Mais en période de crise...

Madame : – Tu ne vas quand même pas faire cela ?

Le 1er adjoint : – Jamais je ne lui demanderai de démissionner car nous ne pouvons pas nous permettre que je sois en très mauvais termes avec ton mari. Mais s'il démissionnait, ma candidature s'imposerait. Lui et moi avons presque le même âge, et même si je n'y suis pas né, j'ai vécu plus de jours ici que lui. Ce sera ma position. Si toutefois elle ne te dérange pas.

Madame, *après réflexion* : – Tu es l'homme de la situation. Mais oui, tu dois attendre. Tu pourrais ramener la paix dans ce village. Mais je le connais, il va se lancer à corps perdu dans la campagne du OUI. Il promettra tout ce qu'il pourra promettre.... J'entends la chasse d'eau...

Le 1er adjoint : – Je me sauve. À demain (*en souriant*), même lieu même heure.

Elle le regarde sortir, amoureusement.

Le maire rentre... Il se tient à la porte, la main droite crispée au cœur.

Le maire : – Mathilde, fais les valises. On part.

Madame : – Mais le fiston arrive, mon chaton. Et tu dois te reposer.

Le maire : – Fais les valises... Il a les clés... On lui laisse un mot.... Il sera chargé d'annoncer aux voisins la situation.... Il faut créer un électrochoc dans la population... donc nous partons.

Madame : – 29 mai 1968, le général de Gaulle disparaît, se rend à Baden-Baden.

Le maire : – Exact.

Madame : – Mais aucun Général Massu ne t'attend. Et tu ne résisteras jamais au moindre voyage, même à Colombey-les-Deux-Églises, pas même à Saint-Cirq-Lapopie.

Le maire : – Je vais gagner ! I can do it ! (*il lève le point... mais se crispe... retour de la main au cœur ; deux pas vers son fauteuil... sa femme l'aide à s'effondrer dans son propre fauteuil...*)

Toutes les tentatives pour s'exprimer du maire resteront vaines.

Madame, *en le regardant* : – C'est une crise cardiaque, l'infarctus du myocarde. Aucun doute.

Elle se rend près de la fenêtre, ouvre un tiroir, en sort une statue de Saint François d'Assise. Qu'elle va poser sur la fausse cheminée. Tout en fixant Saint François :

Madame : – Ici, si loin de l'hôpital... Si j'appelle le samu dans les 3 minutes, il y a une chance sur deux de le sauver. Si j'appelle le samu dans les 10 minutes, il y a une chance sur cinq de le sauver. Si j'appelle le samu dans les 15 minutes, il y a une chance sur vingt de le sauver.

Le maire et son épouse se regardent. L'animosité semble réciproque.

Madame : – Un tiroir ! Ce n'était vraiment pas la place de Saint François. Désormais, quoi qu'il arrive, il ne quittera plus son piédestal.

Madame : – Aucun défibrillateur au village. Il y en aura un quand nous aurons tous fusionnés. À la grande mairie, à 30 kilomètres d'ici, à côté de la piscine communautaire.

Madame : – Qui pourra vivre ici ? Il faut accepter le risque de la mort faute de secours rapides ! Je n'aurai pas peur de la mort quand elle viendra, car je me serai réconciliée avec la vie.

Le maire semble avoir perdu conscience.

Elle s'approche du téléphone, reste quelques secondes près de lui, le décroche. Elle appuie sur une touche.

Madame : – Je crois que le vieux a un problème... Tu veux bien revenir, j'aimerais avoir ton avis... On dirait qu'il s'est endormi... Soit sans crainte...

Madame, *pour elle :* – Monsieur le maire est indisposé, j'appelle son Premier adjoint, c'est bien la procédure appropriée...

> *Elle retourne près de Saint François. Sourire mystique...*

Madame : – C'est ça, aussi, de travailler à la disparition des écoles et des soins médicaux à la campagne... les enfants s'en vont et les vieux ne reçoivent pas assez rapidement les soins nécessaires...

> *Elle se déplace pour regarder par la fenêtre, va ouvrir la porte... Entrée du Premier adjoint.*

Madame : – Sur mon fauteuil.

Le Premier adjoint se précipite, lui touche le visage, les mains, le poignet droit...

Le 1er adjoint : – Aucune réaction au toucher ni aux sons. Respiration inexistante.

Le 1er adjoint, *se tournant vers son amante* : – Même si ce sera inutile, il faut appeler le samu. Tu l'as fait ?

Madame : – Je t'attendais.

Le 1er adjoint, *réfléchissant, semblant comprendre la logique de cette attente* : – Tu as eu raison de m'appeler. Tu ne pouvais pas savoir que c'était aussi grave, c'est une crise cardiaque.

Madame : – Oh ! Une crise cardiaque ! Et nous sommes si loin de l'hôpital ! Si nous étions restés à Paris, il serait encore vivant… Mais je ne vais quand même pas regretter de l'avoir encouragé à revenir… tu me manquais tellement… (*elle se sert contre lui ; un peu surpris, il la prend finalement dans ses bras*)

Rideau-Fin

Stéphane Ternoise

Stéphane Ternoise est né en 1968. Il publie depuis 1991. Il est depuis son premier livre éditeur indépendant.

Dès 2004, il a proposé des livres numériques, en PDF. Mais c'est en 2011 seulement que les ventes dématérialisées ont démarré. Son catalogue numérique (depuis mi 2011 distribué par Immateriel) a ainsi rapidement dépassé celui du papier, grâce à des essais, des livres de photos... tout en continuant la lente écriture dans les domaines du théâtre et du roman. Depuis octobre 2013, et son « identifiant fiscal aux États-Unis », son catalogue papier tend à rattraper celui en pixels.
http://www.livrepapier.com ou
http://www.livrepixels.com

Il convient donc, de nouveau, d'aborder l'auteur sous le biais de l'œuvre. Ainsi, pour vous y retrouver, http://www.ecrivain.pro essaye de fournir une vue globale. Et chaque domaine bénéficie de sites au nom approprié :
http://www.romancier.net
http://www.dramaturge.net
http://www.essayiste.net

http://www.lotois.fr

Vous pouvez légitimement vous demander pourquoi un auteur avec un tel catalogue ne bénéficie d'aucune visibilité dans les médias traditionnels. L'écriture est une chose, se faire des amis utiles une autre !

Mentions légales

Tous droits de traduction, de reproduction, d'utilisation, d'interprétation et d'adaptation réservés pour tous pays, pour toutes planètes, pour tous univers.

Avant toute représentation, vous devez contacter l'auteur pour la demande d'autorisation.

Vous souhaitez jouer une pièce de l'auteur ? http://www.ternoise.fr

Imprimé par CreateSpace, An Amazon.com Company pour le compte de l'auteur-éditeur indépendant.
livrepapier.com

ISBN 978-2-36541-656-6
EAN 9782365416566
Le petit empereur veut fusionner les villages de Stéphane Ternoise
© **Jean-Luc PETIT - BP 17 - 46800 Montcuq - France**
Dépôt légal : 20 avril 2015

www.ingramcontent.com/pod-product-compliance
Lightning Source LLC
Chambersburg PA
CBHW070049040426
42331CB00034B/2877